Neue „Futter"-Quellen für den kleinen Herrn N.

oder

Die Ameisen, der Onkel, und der Herr N.

Und andere Geschichten mit Omas und Opas

Band 15

von Dahlia Mertens

Widmung:

1. An alle geplagten Omas und Opas, die bei der Aufzucht der Enkerln mithelfen.

2. Und dem frischgebackenen Opa, Manfred Fak, der mir seine Aussage bereitwillig zur Verfügung stellte, mit den Worten: „Es wäre mir sogar eine große Ehre, wenn Du mich zitieren würdest. Auf einen Zitat Urheber Verweis lege ich keinen besonderen Wert, aber würde mich freuen, wenn Du dabei anmerkst, daß da ausnahmsweise mal was Gutes von einem Bekannten, männlichen Geschlechts, kam. Weil ja die Männer in Deinen Werken normalerweise nicht so gut wegkommen."

… Gut, das mit dem „Gut-Wegkommen", hab ich nicht sooo geschafft, weil ich halt als Wissenschaftlerin Tatsachen berichten muß. Ansonsten kann ich ab heute natürlich sagen, daß Manfred ein guter Berater ist, obwohl ein Mann, und er sogar mit seiner Frau vernünftige Eltern waren, denn sie hatten zuerst eine Paste besorgt, und dann erst Kinder gekriegt.

Erklärung zu dem Pasten-Scherz:
Wir hatten über Klempner-Sachen und Abdichtungsmöglichkeiten gesprochen. Da kamen wir zu der Locher-Paste, die eigentlich: Gel-Gacki-Pick-Schmiere heißt, mit der man das Dings, das man gerade zum Abdichten mit Haaren *(Manfred nennt das Hanffasern)* eingewickelt hat, einschmiert, damit es dicht ist. Diese Gel-Gacki-Pick-Schmiere hält sehr lange. Meine Eltern hatten die sicher schon bevor sie mich kriegten. Daraufhin witzelten wir: Vernünftige Eltern haben eben zuerst diese Paste und kriegen dann erst die Kinder. Manfred hatte auch zuerst die Paste und bekam dann erst die Kinder. Also ein vernünftiger Mann. …

Ein zusätzlicher Gedanke:

Blöde Ideen hat man, um sie in witzigen Büchern aufzuschreiben, um Menschen zu belustigen.
(Zitat: Dahlia Mertens)

Index:

Epilog:

Anmerkung zur Sprache:

Die Autorin ist Österreicherin. Die wichtigsten Dinge wurden ins Hochdeutsche übersetzt. Außerdem strebt die Autorin an – ähnlich wie die Kinderbuchautorin Christine Nöstlinger – das österreichische Deutsch aufrecht zu erhalten. Das Spiel mit der Sprache kommt hier viel besser heraus.

Überdies paßt es besser, wenn man Bemmerln statt Kugerl sagt und es klingt viel lustiger, wenn man den wissenschaftlichen Satz:

a.) Der antarktische Krill nuckelt mit seinen kleinen Haxerln, die nach dem Winter gebildeten Luftbläschen nach mikroskopisch kleinen Algen ab.

als:

b.) Der antarktische Krill weidet mit seinen kleinen Beinchen die nach dem Winter gebildeten Luftbläschen nach mikroskopisch kleinen Algen ab.

Die österreichische Version zeigt gleich die Armseligkeit dieser Tierchen auf, die sich plagen müssen, was zwischen die Zähne zu bekommen *(Ein Krebs hat zwar keine Zähne, aber es gibt diese Phrase einfach.)*, die auch total armselig glotzen. Das ist alles in der österreichischen Version beinhaltet.

Kurze Erklärung zum Luftblasen-Knutschen des Krills:

Im Winter weidet diese antarktische Krebstierchenart die Algen auf der Unterseite des Eises ab. Im Frühling schmilzt das Eis, setzt Luftblasen auf der Unterseite des Eises frei, die vom Krill abgenuckelt werden. –

Der weidet nicht, der nuckelt! Denn, so, wie der die Luftbläschen knutscht, ist das kein Weiden. Eigentlich schaut es aus, wie wenn er ein Stofftier knutschen würde. .. Also eigentlich viele Stofftiere. Jedes einzelne Stofftierchen … ähm! … Bläschen wird da abgenuckelt! Das sieht witzig aus. Na, und da paßt eben die österreichische Sprache einfach viel besser. Die österreichische Sprache ist ja sehr viel präziser und viel feinfühliger, als die unserer deutschen Nachbarn.

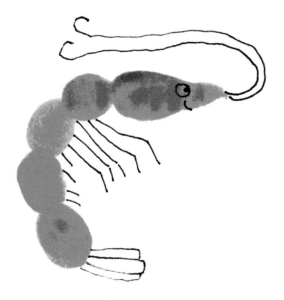

Abb. 1:. *Ist zwar kein Krill sondern ein Shrimp, aber wurscht.*

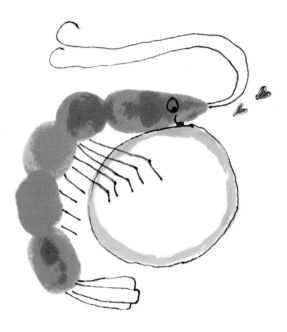

Abb. 2:. *Krill (eigentlich ein Shrimp), beim Luftblasen-Knutschen. Das Grüne sind die Algen, die ich etwas zu dick gezeichnet habe.*

Eine durchaus wichtige Randnotiz:
Die wissenschaftlichen Fakten werden in einer sehr saloppen Sprache dargestellt.

Vorwort:

Statt

„Wenn der Vater mit dem Sohne"

(angelehnt an den Titel einer österr. Fernsehserie oder auch an das Buch vom Albert Lorenz) „Wenn die Oma und der Onkel mit dem Enkerl".

Oh Gott!

Diese Geschichten sind in Zusammenarbeit mit Omas und Opas entstanden. Omas haben Blödsinn gemacht, und ich habe - wie immer - ausgeschmückt.

Zeichnungen, die sogar ein 3jähriger identifizieren kann, unterstützen die Geschichten.

Noch eine erwähnenswerte Anmerkung zu den Zeichnungen:

Die Zeichnungen wurden sogar von einem 3jährigen erkannt! War ganz erstaunt!

Jessas!

OHNE Beschriftung konnten sie erkannt werden, denn der 3jährige kann ja nicht lesen!...

Gut, zugegeben: die Oma schneidet da etwas schlechter ab!

Na, die kann zur Not lesen!

Man kann halt nicht alles haben!

Aber gleich den Fachbegriff zu kennen, um die Zeichnungen zu benennen.....

Klasse!

Eigentlich erwartet man...

Das ist ... „Ähm? Was ist das?"

Zum Nachdenken:

Alte Leute zu bewitzeln und sich gratis Essen zu holen, ist ein Aufgabenauftragen und somit eine Demenzbekämpfung, die wichtig ist, um Demenzkrankheiten vorzubeugen. Dafür opfere ich mich bereitwillig auf, indem ich wie gesagt Gratis-Essen absahne. Ich bin eben der aufopferndste Mensch auf Gottes weiter Welt.

Ernsthaft: Aufgaben, die erfüllt werden müssen, beugen Studien über Alzheimer's disease zufolge, Demenzerkrankungen vor. Soziale Kontakte sind für ältere Leute auch eine wichtige Art, um Krankheiten vorzubeugen. Die Altenpflege kann so auch vermieden, oder nach hinter verschoben werden. Menschen brauchen Aufgaben. Fallen die weg, kommen Erkrankungen.

Das Motto stimmt nämlich: wer rastet, der rostet.

So gesehen hat dieses Büchlein auch einen ernsthaften Hintergrund.

Generationen lernen auch von einander. Alte von den Jungen, Junge von den Alten. … … Also Omas von den Enkerln und Enkerln von Omas

Und von den Mittleren, also von mir, lernt man hoch wissenschaftlich, wie die Privatsphäre einer Ameise zu schützen ist, daß man von einer Kampfameise gebissen wird, wenn man ihr den Finger hinhält und daß man Ameisen-Angeln im Flugzeug nur bedingt mitnehmen darf.

Man sieht, dieses Buch ist das Ernsthafteste, das es jemals auf der Welt gegeben hat und die Ernsthaftigkeit ist kaum zu übertreffen.

Ein Buch, das auch zum Nachdenken anregt und anregen soll…

Ernste Gedanken:

Durch eigene Erfahrungen und Beobachtungen hatte ich gemerkt, daß man so einen geistigen Abbau, der sich unerwartet schnell abgezeichnet hatte, aufhalten kann. Der Abbau war zwar nur minimal, aber er war merklich da. Wenn ich diesen Abbau durch Gratisessen-Einsammeln verhindern kann, opfere ich mich halt. - Für die Allgemeinheit und spare der Allgemeinheit Kosten.

Oh! Hab gerade gemerkt, mir würde ja noch ein Nobelpreis für meine unermeßliche Aufopferung gebühren! Weiter hinten im Kapitel wird erklärt daß ich ja wieder einen Nobelpreis bekomme, weil ich durch den Schutz der Privatsphäre der Ameise zu Sport animiere. Also einen Ig-Nobelpreis, der gelegentlich als Anti-Nobelpreis bezeichnet wird, krieg ich sicher. Der Ig-Nobelpreis ist eine satirische Auszeichnung, um wissenschaftliche Leistungen zu ehren, die „Menschen zuerst zum Lachen, und dann zum Nachdenken bringen". Ig kommt vom englischen ignoble, das eigentlich unwürdig, schmachvoll, schändlich, bedeutet. (Auf die Idee mit dem Ig-Nobelpreis brachte mich mein Facebook-Freund Norbert Neidebock, wohnhaft in Deutschland, da irgendwo hinterm Nordpol halt, der zu meinen Büchern rumwitzelte. Er schlug vor, daß ich würdig wäre, Ig-Nobelpreise zu bekommen.)

Gratis Essen mit Haken:

Jeder hat es sicher wieder erraten.

Also: Wie immer verschaffte mir eine nicht ganz freiwillige Situation wieder mal den Besuch bei der besagten Oma und dem Opa und dem dazugehörenden Enkerl. Wer nicht selbst kochen möchte, muß zum Essen im Paket die Oma, den Opa und den Enkel dazu nehmen. Essen gibt es sozusagen nur im Paket.

Tja, alles hat eben einen Haken.

Wie gesagt, das Essen hatte ich ergattert. Dem Opa hing noch das halbe Hendlhaxerl *(Hühnerkeule)* aus dem Mund. Die Oma jammerte…

Nach dem Essen sollst Du ruhen, aber leider machten wir das gezwungener Maßen nicht. So hatschten *(= österreichisches sehr erfreutes Wort für „gehen".)* wir in den Garten. Hatschen ist ein super Wort! Das drückt gleich in einem Wort die Tätigkeit UND wie GERNE man die tut, aus. – nämlich gar nicht gerne.

Ameisen:

Der Onkel hatte vor 3 Tagen ein Ameisennest auf der Rotbuche gefunden und ging es jetzt suchen.

Den Ort des Ameisennestes hatte der Onkel schnell wieder gefunden. Der Onkel schrie nun alle zusammen. Die Oma mußte gehüpft kommen, der Herr N. kam gerannt und ich latschte *(= ging)* eben auch hin. Der Opa hatte sich wohl vorsorglich, wie gewohnt, im Keller versteckt.

Der Onkel erklärte jetzt lang und breit dem Herrn N., daß da Ameisen in dem Astloch gewesen waren, wo er hinzeigte, und ein Nest gehabt hatten. Die hatten sich Erde in dem Astloch aufgeschichtet gehabt. Der Onkel hatte damals schnell heimlich Ameisengift hingestreut. Gut, so heimlich war das auch nicht gewesen, doch der Herr N. hatte es eben nur nicht gesehen gehabt. Erst, als am nächsten Tag der Opa, der sich zum

Rasenmähen angeschickt gehabt hatte, es bemerkt gehabt hatte, hatte die Oma dem Herrn N., der im Garten herumgerannt war, erklären müssen, daß er das „gute" Zeug den Ameisen überlassen werde müssen. Schweren Herzens hatte das der Herr N. dann getan.

„Wo sind die Ameisen?" war der Onkel erstaunt.

„Witzig. Wozu hast Du gedacht, war das Gift wohl gewesen? Doch wohl nicht, damit die Ameisen lustig werden würden?" witzelte ich erstaunt. Dann revidierte ich etwas meine Aussage.

„Gut, bei den Kakerlaken war das schon so gewesen. In der Studenten-WG in den südlichen USA, hatten wir schon Gift gekauft gehabt und nach einer Weile waren lauter kleine Kakerlakenkinder herumgerannt. Entweder waren die Kakerlaken durch das Gift fertiler geworden, oder sie waren lustiger und ungehemmter geworden und hatten sich deshalb noch mehr als üblich vermehrt gehabt. … Aber Ameisen sind nur Weibchen, da hilft es nix, wenn die lustiger werden."

Der Onkel warf mir einen blöden männlichen Blick zu und grinste.

Die Oma lächelte auch wissend. Aber der Herr N. war erstaunt, wie gut er hier aufgeklärt wurde. …

„Wer lustig ist, vermehrt sich besser." erklärte ich ihm.

So, Aufklärung von Herrn N. wieder mal abgehakt! Mannohmannohmann! Das würde das aufgeklärteste Kind auf Gottes weiter Erde werden!

Plötzlich kam aus der Richtung des Onkels:

„Ameisen sind nur Weibchen?"

„Jessas! Womit hab ich DAS verdient?"

Da kam schon der nächste Schock…

„Wo sind denn die Männchen da?" grübelte der Onkel.

„Jessas! Das sind die mit den Flügeln, die nur kurze Zeit leben!"

Der Onkel schaute jedoch noch etwas unwissend.

„Also: da gibt es doch den Hochzeitsflug. .. Ähm also, es schlüpfen beflügelte Weibchen und Männchen. Männchen entstehen nur, um die Jungköniginnen zu begatten. Die krabbeln zu der Zeit alle aus dem Ameisennest, da sieht man dann lauter geflügelte Ameisen, die alsdann zusammen abheben und dann Küßchen austauschen. Die Weibchen verlieren danach die Flügel, die Männchen kratzen nach dem Küßchen – noch mit Flügeln - ab, denn die braucht keiner."

„Wieso?" fragte der Dreikäsehoch.

„Na, weil man Männchen halt nicht braucht. Die stehen nur im Weg rum."

Das war hart aber kurz. Ich war dagegen, daß man Kindern immer Märchen erzählte. Vom Kindergarten kam der Dreikäsehoch immer mit dem Märchen, daß Mädchen nichts konnten.

Dauernd kam: „Mädchen können das nicht!"

Der sollte ruhig mal erlernen, daß die Welt eigentlich weiblich war. Mir war echt schleierhaft, wie man im Kindergarten soviel Blödsinn vermitteln konnte, daß Mädchen nichts könnten? Diese Indoktrination von klein an, war eigentlich schrecklich.

Der Dreikäsehoch war sprachlos, über die Tatsache, daß Männchen nicht gebraucht würden.

Männer können besser, schrecklicher und peinlicher abkratzen:

„Tja, Männchen tun ja nichts. Die sollen dem Nachwuchs nicht auch noch alles wegmampfen, also heißt es für Männchen nach einem Küßchen: Abkratzen! … Also nochmal: Knutsch, … Äh, Ächtz, ich kratz jetzt ab!"

Ich schaute so, wie in Abb.3 dabei und spielte ein kurz ein Küßchen vergebendes und dann hinniges *(= kaputtes)* Männchen. Ein Abgekratztes. Der Dreikäsehoch kicherte. Obwohl ich als abgekratztes Männchen noch immer seeeehr edel aussah - möchte ich nur betonen - was man vom Onkel nicht behaupten konnte.

Abb. 3:. *Abkratzendes Männchen*

„Der Onkel kann besser sterben." gab ich zu.
Der kratzte auch gleich sehr aufmerksamkeitshaschend ab.[1] Das dürfte
ihn aber auch gleich an die Ameisen erinnert haben.

„Wo sind die Ameisen?" fragte der Onkel zum Herrn N. gewandt.
„Gift!" zeigte der Herr N. richtig. Das hatte er sich wohl gemerkt gehabt,
denn die Oma hatte ihn ja schließlich aufgeklärt gehabt, daß er das weiße
Zeug nicht mampfen hatte dürfen, obwohl es sooo lecker nach Zucker
ausgesehen gehabt hatte. DAS hatte sich der Herr N. gut gemerkt. Das
war ja etwas Schreckliches gewesen. Daß man Etwas, was sooo lecker
aussah, nicht schnabulieren *(= essen)* konnte, war traurig gewesen.

---

[1] *Ich möchte nur drauf hinweisen: Deshalb sind Männer in der Erziehung von
Kindern total wichtige Bezugspersonen, da die eben viel besser und leider eben auch
total schrecklich und peinlich abkratzen können. Das können Frauen nicht.*

„Wo ist..?" schaute Herr N. fragend. Der „gute" Zucker war weg und beschäftigte Herrn Ns Gehirnzellen.

„Was?" fragte der Onkel.

„Der Herr N. sucht das Gift, das der Onkel ausgestreut hatte!" erklärte die Oma Gott sei Dank schnell. Bei den wortkargen Männern hätte das Gespräch sicher noch viel länger gedauert.

„Na, das wurde durch den Regen teilweise weggeschwemmt." meldete ich mich zu Wort.

„Das haben die Ameisen alles in ihr Nest geholt und gegessen!" erklärte die Oma.

Herr N. sah nachdenklich auf den Fleck, wo das weiße Pulver gewesen war.

So, wie er schaute dachte er wohl: Die Ameisen konnten doch nicht alles aufgefressen haben, und nix für ihn - den Herrn N. - aufgehoben haben! Frechheit! Man sah richtig, daß der Herr N. nachdachte. Wenn die Ameisen das so lecker gefunden hatten, warum hatte er nicht auch dürfen...?

Männliche Futterquellensuchen können anders enden, als man denkt.

„Essen", das war das Stichwort für den Onkel. Er nahm ein Staberl und zeigte vor, was ich ihm schon sooo oft erzählt gehabt hatte, und wo ich sogar bereits ein ebook drüber geschrieben hatte. *(Siehe: „Unaufmerksamkeit in der Schule kann schmerzhafte Folgen haben. Und andere Geschichten rund um die Schule Schulgeschichten Teil 1 ";* *https://www.amazon.de/Unaufmerksamkeit-Schule-schmerzhafte-Geschichten-Schulgeschichten-ebook/dp/B009Y5KVK6/ref=sr_1_1?ie=UTF8&qid=1536132470&sr=8-1&keywords=dahlia+mertens+schule*)

„Affen.."

„Jessas, der Herr Onkel." hatte ich schon eine Vorahnung, was kommen würde.

„Also Affen nehmen ein Staberl, stochern da rum, in dem Loch, und dann lutschen sie die Ameisen ab, die sich in das Staberl verbissen haben." führte der Onkel unbeirrt aus.

Der Onkel zeigte es mit imaginären Ameisen vor. Ich muß aber zugeben, der Onkel konnte den Affen echt gut nach machen! Also eigentlich einen Orang-Utan.

Das witzige „Schlürfschnaberl" *(=Lippe, Mund)* und der behaarte Arm waren sehr nahe an der Realität anzusiedeln.

„Na super! Der Onkel ist ein Naturtalent! Der Affe wurde so gut nachgemacht. Also eigentlich ein Orang-Utan. Das witzige „Schlürfschnaberl" und der behaarte Arm sind sehr nahe an der Realität anzusiedeln." grinste ich.

„Apropos! Da war letztens so eine witzige Doku im TV! Oh Mann! Also: Orang-Utans:

Die haben Eier bekommen.

Gekochte.

Das Männchen unten: wie es sich gehört! Die Faulis klettern ja nicht, weil sie ihre HAARE schonen müssen!

Das Weibchen mit Baby oben: Königlich eben! So gehört es sich ja!"

„Nein!"

„Ja! So gehört es sich! Und? Der Herr N. schont seine Haare?" ich zeigte, wie es das Orang-Utan Männchen machte. Mit seinen Armhaaren.

„Ach, meine Haare sind sooo schön!"

Dabei schwang ich meine Arme mit imaginären, langen Haaren.

„Neeeiiinn." lachte Herr N.

„Aber der Onkel schont seine Haare schon, oder?"

„Ja, klar! Ich frisiere sie mir immer und mache Zöpfchen…"

Herr N. fand das schon wieder sehr lustig. Oh Mann! Ich sag es ja! Die anderen sind alle schuld, daß das hier kein ernstes, hoch wissenschaftliches Buch wurde.

„Naja, also wir wollen uns wieder von Euren Männer-Friseurgeschichten abwenden! Nicht, daß Ihr noch anfangt, Euch gegenseitig Zöpfe zu flechten!"

Herr N. fand das wieder soooo lustig.

„Also: Herzig ist: die schälen die Eier! Die Orang-Utans!

Das Männchen bekam das Ei in die große Hand, einmal kurz draufgebissen, dann ausgespuckt, und dann hielt es das Ei und schälte es gekonnt mit den Lippen! Dabei machte es ein Schlürfschnaberl. Oh

Mann! So herzig! Ich sag es mal so: manche Männer haben solche Schnaberln auch! Der Onkel macht ja auch so ein Schlürfschnaberl!

Das Weibchen fladerte dafür seinem männlichen Nachwuchs, der stundenlang am Ei rumschnüffelte, schon mal vorsorglich das Ei.

Ich mag ja Orang-Utans so dermaßen.. Die sind maßlos klug. Also, die Weibchen natürlich. Die Männchen schonen einfach nur ihre Haare. ... Sind aber gute Liebhaber." Grinste ich in Richtung Herrn N.

Herr N. schaute.

„Männliche Orang-Utans sind gut im Weibchen-Küßchen-Geben." klärte ich schnell auf.

„Iiihhh!" kam es vom Dreikäsehoch. Und ein Kichern.

„Küßchen?" der Onkel wollte Küßchen an den Herrn N., verteilen. Der zog lachend seinen Kopf und somit seine Wange ein.

„Eier?" fragte die Oma.

„Oh! Hab ich das nicht gesagt? Die Doku war über einen Zoo. Im Dschungel kocht keiner Eier. Witzig war ja: der Pfleger war auch noch so herzig. Er beschrieb das Männchen so herzig. Die paßten eigentlich alle zusammen. Alle hatten den gleichen gutmütigen Charakter. Der Pfleger meinte: *„Was? Du bist heute schon fertig? Du mörmelst doch sonst immer so langsam und genüßlich an Deinem Ei!"* Das Männchen hatte betreten geschaut, daß es heute kein edler, genießender Gentleman gewesen war, sondern ein Schnellschlurper!"

„Schnellschlurper" lachte Herr N.

„Stimmt ja!" grinste ich den Dreikäsehoch an.

„Also zurück zu den Ameisen! Affen nehmen ein Staberl, stochern da rum, in dem Loch, und dann lutschen sie die Ameisen ab, die sich in das Staberl verbissen haben." erklärte der Onkel.

Herr N. lachte.

„Ja, die Affen lutschen die Ameisen vom Staberl!" wiederholte der Onkel und zeigte es nochmal äußerst gut vor.

„Nein!" kam es aus Herrn N. angewidert heraus. Er versuchte kläglich Ameisensnacks abzuwehren.

Imaginäres Ameisenangeln

Abb. 4: *Der Onkel angelt imaginäre Ameisen*

„Doch! Und das ist sogar Fleisch! In anderen Ländern essen sie Ameisen! Insekten sind gesund!" beeilte ich mich.

„Also, was für den Herrn N.!" war der Onkel wieder maßlos zuvorkommend, der sich noch heute rühmte, daß er in Australien vor 10 000 Jahren mal einen halben Wurm gemampft hatte. Er hatte damals einem Aborigines-Essen beigewohnt gehabt. Also so einer Touristenattraktion.

„Ich hab mal…"

„Jessas! Jetzt kommt DIE Geschichte wieder! Ich brauche Ohropax!" jammerte ich.

„In Australien hab ich mal einen halben Wurm gegessen!" war der Onkel stolz.

„Wäh!" quittierte der Herr N. diese Aussage.

Recht hatte er! Für diese zum 100000ensten mal wiederholte Geschichte verdiente der Onkel ein „Wäh".

Abb. 5: *Der Onkel mampft imaginäre Ameisen*

„Und Ameisen essen die Affen mit dem Staberl." grinste der Onkel, der sichtlich Freude dran hatte, den Herrn N. in einen Wäh-Modus zu befördern.

Damit hier nicht nur „Wäh"-Laute zu hören waren, begann ich:

»Primaten – also Affen - sind äußerst gescheit und es gibt sogar Affenkulturen! Die Affenkulturen sind unterschiedliche, sehr überlegte und tradierte Methoden, Ameisen zu angeln. Affen essen Ameisen. Da gibt es unterschiedliche „Ameisleins".« begann ich zu erzählen, da der Onkel sicher wieder nur die Kurzversion erzählt hätte, und da hätte er sicher die biologischen Fakten, die echt wichtiger waren, als ob und wie er seinen Wurm gemampft gehabt hatte, weggelassen. Wenn, dann mußte es wissenschaftlich genau sein!

„Es gibt unterschiedliche Ameisen," hatte ich gesagt.

„..welche, die mehr beißen, und welche, die weniger beißen. … Bei denen, die mehr beißen, sollte man als Affe oder auch als Onkel oder Herr N…" neckte ich den Herrn N.

„Nein!"

„Doch! Also man sollte schauen, daß man bei den besonders bissigen Ameisen möglichst weit weg vom Ameisenhaufen sitzt und nur mit einem ganz langen Ast in dem Bau rumstochert. Auch der Herr N. sollte da möglichst weit weg sitzen!"

„Nein!" kam es schon wieder!

Es war so lustig den Dreikäsehoch zu necken!

„Die Affen lernen das in der Schule. Also eigentlich von den Affenmamas. Weibliche Affen – also Affenmamas - sind nämlich durchaus, total intelligent und sind gute Lehrerinnen! Sie bringen sogar den Männchen was bei!"

Herr N. schaute betreten.

Ich führte fort.

„Die Ameisen verbeißen sich dann am Ast. Der Affe braucht nur den Stab in sicherer Entfernung sitzend, über seinem Arm abstreifen und genüßlich mampfen. Das ist nicht igitt, sondern das sind super gute Proteine! Wer Fleisch ißt, muß auch offen für Ameisen sein. Nur Vegetarier haben eine Ausrede. He, he,.."

Alle schauten betreten, da sie Fleisch aßen.

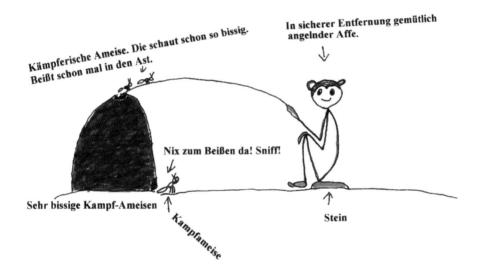

Abb.6: Das lernt man von Affenmamas. Die zeigen ganz geduldig, wie man das mit dem Ameisenangeln macht. Tradition bei Affen.

Auch Affen müssen in die Schule.

Abb.7: *Nicht aufpassen in der Schule kann schmerzhafte Folgen haben.*

„Über die Affenkulturen forscht der Primatenforscher Volker Sommer. Er zeigt gerne die Werkzeuge der Affen her und schockt die Moderatoren etwas. Das ist witzig. Nur im Flugzeug hat er Probleme, wie er erzählt, mit seinen Affenwerkzeugen, denn die glauben ihm nicht, daß die unterschiedlich langen Stäbe von Affen hergestellt und verwendet werden."
Ich machte eine kurze Pause.

„Die am Flughafen kennen aber den Onkel und den Herrn N. und wissen, daß die auch Ameisenangeln basteln. Also nicht nur Affen basteln Ameisenangeln, und das kann echt gefährlich sein!" kicherte ich.

»Da gibt es dann so ein Gespräch:
Volker Sommer: „Ich schwöre! Nur Affen bauen solche Angeln!"
Flughafenpersonal: „Nein!"
Volker Sommer: „Wirklich! Nur Affen machen das!"
Flughafenpersonal: „Uns ist bekannt, daß der Herr N. und der Onkel solche Angeln bauen!"
Volker Sommer: „Wirklich??"«

Machte ich ein Gespräch von Volker Sommer und dem Flughafenpersonal nach.

» Flughafenpersonal: „Wir kennen den Herrn N. und den Onkel." «
„Nein!" kam es von Herrn N.
„Auf das habe ich schon wieder gewartet!" lachte ich. Hatte den Satz extra wiederholt, da Herr N. wohl schnarchte.
„Nein!"
„Wurscht! Weiter: Also, zum Ameisenangeln verwenden die Affen die Stöcke. Kurze, für die normalen Ameisen und Lange, für die bissigen Ameisen. Die am Flughafen hatten Angst, daß der Volker Sommer damit vom Sitz aus den Piloten kitzelt. So mußte er seine „Ameisen-Lang-Angel" in zwei Teile teilen, damit der Herr Primatenforscher nicht etwa während des Fluges beißende Ameisen als Snack angelt und dabei den Piloten kitzelt. He, he,.."
Herr N. und die Oma hörten gespannt zu. Der Onkel grinste. Wahrscheinlich stellte er sich gerade vor, wie er nächstens im Flugzeug Ameisen angeln könnte.
„Eigentlich läßt das den Schluß zu: Im Flugzeug darf nur nach nicht bissigen Ameisen mit der kurzen Angel geangelt werden. Gut, daß das nun jeder weiß! Onkel? Nächstens, wenn Du fliegst…. Gelle?"
Der Onkel nickte grinsend.
„Wünsche allen Fleischessern schon mal guten Appetit, … am nächsten Flug! He, he, he,.."
„Wäh!" kam es von Herrn N.
„Nein! Lecker! Und außerdem: Ameisenbisse sind gut gegen Rheuma! Ehrlich! Die Ameisensäure ist sehr gesund! Also noch ein guter

Seitenaspekt, wenn man Ameisen verzehrt.... Fazit: Ameisenbisse sind gesundheitsfördernd. Das werden wir gleich beim Herrn N. ausprobieren!"

„Nein!"

„Nicht? Na, geh!"

„Hmhm!" schüttelte Herr N. seinen Kopf, grinsend. Frechheit! Der hatte gar keine Angst vor mir!

„Naja, … Ach, ja, Brennesseln sind auch gut gegen Rheuma! Aber DAFÜR nehmen wir jetzt aber den Herrn N. als Versuchskaninchen, oder?" grinste ich.

„Nein!"

„Gelle, nein, der Herr N ist kein Versuchskaninchen!" beruhigte die Oma.

„Mist! Den Herrn N. kann man zu keiner Zusammenarbeit überreden!" grinste ich den Knirps an.

Der grinste zurück. Er wußte ja leider, daß ich nur rumwitzelte. Obwohl ich total ernst schaute und ernst sprach. Ich schwöre! Ich schaute so:

Abb.8: *so schaut man ernst!*

„Wurscht! Dann nehme ich eben den Onkel, aber der kann sich für diese These nie so richtig erwärmen. Verstehe ich überhaupt nicht. Wenn ich mit der Brennessel gerannt komme, rennt der Onkel immer. … zwar ist das Rennen schon als gesund einzustufen, aber.." ergänzte ich überlegend.

„Ich finde es jedoch äußerst unverständlich, daß man bei einer GRATIS Gesundheitsbehandlung davonrennt!"

Herr N. lachte. Erleichtert, daß er keine gratis Gesundheitsbehandlung in Anspruch nehmen mußte.

„Der Onkel hat einfach keinen Sinn für Gesundes! Gratis Behandlungen gibt es sonst nie! Sonst kosten medizinische Behandlungen immer horrend viel! Tse, tse, tse, das kann ich nicht verstehen!"

„Na, ich kann ja DICH einreiben!" war der Onkel splendabel *(= österreichisch)*.

Er hatte jedoch das Prinzip: Patient – Arzt nicht ganz verstanden. Der Patient kann doch dem Arzt keine Therapie anbieten!? Das wäre ja ähnlich, wie wenn der Arzt sagte:

„Sie müssen operiert werden. Der Blinddarm muß raus!"

und der Patient widerspräche:

„Nein! Herr Doktor! IHREN Blinddarm werden wir operieren! Nicht meinen!"

Ich sagte aber nix.

„Sicher nicht!" kam es aus mir stattdessen herausgeschossen. Ergänzend fügte ich hinzu:

„Außerdem würdest Du Dich sonst sicher selber verbrennen!" wehrte ich den äußerst charmanten Vorschlag des Onkels ab. Komisch, daß Männer immer nur charmant und zuvorkommend wurden, wenn sie einem solch ein „nettes" Angebot zukommen ließen.

„Ich bin ja so gescheit und weiß, wenn man die Brennessel unten angreift, verbrennt man sich nicht. Den Onkel kann man damit immer gut verblüffen. He, he,.. Der erlernt das auch nicht. So kann man die Brennessel immer wieder zur Selbstverteidigung gegen den Onkel verwenden." kicherte ich.

„Die Oma hört das nicht so gerne, obwohl Brennesseln soo gesund sind!"

„Warum nimmst Du sie nicht selbst?" war die Oma wenig amüsiert.

Nun mußte ich doch was sagen.

»Ich bin gesund genug! Und ich muß betonen: Hier wurde schon wieder das Prinzip: Patient – Arzt nicht ganz verstanden. Der Patient kann doch

dem Arzt keine Therapie anbieten! Das wäre ja ähnlich, wie wenn der Arzt sagte:
„Sie müssen operiert werden. Der Blinddarm muß raus!"
und der Patient widerspräche:
„Nein! Herr Doktor! IHREN Blinddarm werden wir operieren! Nicht meinen!"...
« klärte ich alle Umstehenden auf.
„Ja, ja," winkte die Oma ab, weil ich recht hatte. Touché und Schachmatt!.
Ich ergänzte:
„Wie gesagt, ich bin gesund und außerdem eignet sich der Onkel gut, denn in der Wissenschaft muß man immer wieder reproduzierbare Ergebnisse liefern und die Versuche sollten immer wieder wiederholt werden können." erwiderte ich schlagfertig.
„Sie sollten außerdem immer wieder dasselbe Ergebnis abgeben. Auch nach der 1000ensten Wiederholung. Für diese Wiederholungen hat mein „Brennessel-Versuchskandidat" irgendwie kein Verständnis, obwohl er dafür wie geschaffen ist!"

Die Oma mußte nach ihrem Kuchen schauen.
Ich wechselte das Thema.
Herr N. hatte schön brav zugehört.
„Der Herr N. hat aber brav zugehört! Dem kann das nicht passieren, so wie den Affenkindern, die in der Schule nicht aufpassen und dann für die falschen Ameisen die falschen Angeln benutzen! Der Herr N. wird die richtige Angel für die Ameisen benutzen, nicht so, wie der Onkel!" neckte ich nochmal, weil es so witzig war.
„Nein!"
„Wieso? Du willst gebissen werden?" grinste ich. He, he, ich hatte den kleinen Herrn N. mit der eigenen Waffe geschlagen! Sein „Nein" war unpassend gewesen.
„Mhmh!" schüttelte der Herr N. ganz armselig seinen Kopf. Er merkte instinktiv, daß er mir nicht gewachsen war, daß er schachmatt gesetzt worden war und meiner Gnade ausgeliefert war. Wenn ich wollte, konnte ich ihn von den imaginären Ameisen echt beißen lassen!
„Du bist meiner Gnade ausgeliefert. Wenn ich will, kann ich Dich von den imaginären Ameisen beißen lassen.... zwick!"
Herr N. lachte und zog sein Ohr ein, da ich ihn leicht ins Ohr gekniffen hatte.

26

Der Onkel schaute seine Angel nachdenklich an.

„Trauerst Du gerade Deinen imaginären Ameisen nach, die soo lecker geschmeckt hätten?"

„Sehr witzig!"

„Na, ich dachte ja nur !..."

Ich wandte mich zum Dreikäsehoch:

„Und der Herr N. will sich ins Bein von der Ameise beißen lassen?"

„Nein!"

„Wieso? Du hast doch gerade gesagt gehabt, daß Du nicht die richtige Angel benutzen willst. Das kann nur bedeuten, daß Du gebissen werden möchtest! Denn wer eine falsche Angel benutzt, den beißen die Ameisen." erklärte ich noch einmal. Herr N. hatte eben Welpenschutz – also bei mir! – bei der Ameise nicht!

„Mhm?" war der Herr N. ratlos.

„Keine Ameise wird beißen!" half die Oma schon wieder, die gerade wieder aus der Küche in den Garten gekommen war.

„Jessas! Die Oma hilft! Wie soll der Herr N. jemals lernen, wie man Ameisen angelt?"

„Ich kann es schon!" freute sich der Onkel wie ein Schneekönig.

„Jessas! Der Onkel!"

„Aua!"

Eine einheimische kaum bissige schwarze Ameise – eine echt ur herzige Ameisenart, richtiggehend knuddelig, diese Ameisenart! – war unbemerkt auf den Stab vom Onkel geklettert, und hatte mittels äußerst liebevollen Bisses ausprobiert, wie ein männlicher Finger schmeckte.

Alle lachten.

„Siehste, wenn man in der Schule nicht aufpaßt, wird man gebissen! Göttlich!" amüsierte ich mich über den wehleidigen Onkel, der schluchzend dastand. Gut, das Schluchzen war gespielt.

Herr N. begann aus Solidarität mitzuweinen.

Jessas! Männer!

Fingerfarben und ein von der Kampfameise gebissener, verblutender Onkel:

An diesen witzigen Nachmittag mit den Ameisen mußte ich denken, als ich ein Finger-Malbuch fand. Darin waren witzige Zeichnungen von Ameisen. Schnell hatte ich das Malbuch besorgt und dann malten wir mit dem kleinen Herrn N., nachdem die Oma es erlaubt hatte und sie alles vorbereitet hatte.

Wir malten mit den Fingerfarben. Die ersten Zeichnungen waren schnell fertig.

Gartenameise

Abb.9: *Gartenameise*

Kämpferische Wanderameise, oder auch Beiß-Ameise,
oder bissige Kampf-Ameise

Bein nicht korrekt!
Auf der falschen Seite,...

Kämpferische Wanderameise, oder auch Beiß-Ameise,
oder bissige Kampf-Ameise

Beine alle korrekt! Alle auf ihrer richtigen Seite,...

Abb.10: *Kämpferische Wanderameise*

Kämpferische Wanderameise .. Darüber mußte ich lachen. In dem Malbuch wurden also verschiedene Ameisen angeführt, die man malen konnte und gezeigt, wie man das tun konnte:

Gartenameise

Kämpferische Wanderameise, oder auch Beiß-Ameise, oder bissige Kampf-Ameise

Bein nicht korrekt!
Auf der falschen Seite,...

Kämpferische Wanderameise, oder auch Beiß-Ameise, oder bissige Kampf-Ameise

Beine alle korrekt! Alle auf ihrer richtigen Seite,...

Abb.11: *Verschiedene Ameise*

Anmerkung zu dem Bild:
Als ich die Bilder bearbeitet hatte, hatte Mama mit einem Adlerblick gemerkt, daß in dem Malbuch die Beine bei der Wanderameise nicht richtig waren. Man sieht: rudimentäre Biologen-Gene sind auch bei Mama vorhanden.

Kämpferische Wanderameise, oder auch Beiß-Ameise, oder bissige Kampf-Ameise

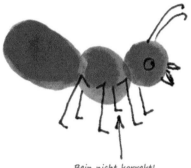

Bein nicht korrekt!
Auf der falschen Seite,...

Kämpferische Wanderameise, oder auch Beiß-Ameise, oder bissige Kampf-Ameise

Beine alle korrekt! Alle auf ihrer richtigen Seite,...

Abb.12: *Falsche Beine. Hat Mama bemerkt.*

Danach stellte ich die Beißszene vom Onkel nach, weil mich das Malbuch dazu animiert hatte.
Nach der kämpferischen Wanderameise war ich nämlich noch auf die Idee gekommen, die Kampfameise zu zeichnen:
„Hier noch die Kampfameise! …. Oh! Und da fehlt ja der Onkelfinger!"

33

Ich malte den Finger von hinten, um die Spannung zu steigern. „Tata tata tata,…" machte ich die „Der-Weiße-Hai"-Musik dazu.

„Nein! Laß meinen Finger!" versuchte der Onkel seinen Finger zu retten, der dem Ameisengebiß entgegen gemalt wurde. Herr N. lachte während der Onkel mich am Fertigzeichnen zu hindern versuchte.

„Herr N. halt den Onkel!…"

Herr N. weigerte sich.

„Gut, dann wird das der Finger vom Herrn N!"

„Nein!"

„Dann halt den Onkel fern!" erpreßte ich den Knirps.

Herr N. tat es.

Während der Onkel beschäftigt war, malte ich fertig.

„Nun die Fingerkuppe!"

Herr N. und der Onkel rauften etwas.

Ich mischte etwas rot und weiß. Für das Blut.

„Zwick!"

„Neeeiiin!"

„Doch! Und Blut!"

Ich tupfte einen ganz kleinen roten Tupfen auf die gemalte Fingerkuppe des Onkels.

„Ich verblute!"

„Der Onkel kratzt schon wieder ab!" bemerkte ich.

Er schaute wieder wie in **Abb. 3.** aus.

Herr N. lachte.

Richtig kämpferische und bissige Kampf-Ameise, oder auch Kampf-Beiß-Ameise

Abb.13: Kampfameise beim Beißen. Dieses Bildes wegen ist der Onkel verblutet!

Gartenameise

Kämpferische Wanderameise, oder auch Beiß-Ameise, oder bissige Kampf-Ameise

Bein nicht korrekt!
Auf der falschen Seite,...

Kämpferische Wanderameise, oder auch Beiß-Ameise, oder bissige Kampf-Ameise

Beine alle korrekt! Alle auf ihrer richtigen Seite,...

Richtig kämpferische und bissige Kampf-Ameise, oder auch Kampf-Beiß-Ameise

Abb.14: *Ameisenarten,...*

Ameisen sind geschützt.

Kurz darauf machten wir einen kleinen Ausflug in die Berge. Oder sagen wir es eher so: Die Oma und der Opa hatten mich mitgeschliffen. Wir gingen Schwammerln *(Schwammerln sind Schwammerln und keine Pilze, liebe deutsche Nachbarn!)* suchen.

Schwammerln haben wir keine gefunden, da Elektrozäune die Kühe, aber auch die Oma und den Opa und den Dreikäsehoch von den Schwammerln abgehalten hatten.

Die Oma war enttäuscht. Der Dreikäsehoch auch.

Auch Schwammerln brauchen eine Schutzzone vor der Oma und dem Herrn N.

„Die armen Schwammerln brauchen eine Schutzzone vor der Oma und dem Herrn N.!" kommentierte ich.

„Na, wahrscheinlich eher vor Dir!" meinte die Oma.

„Des glaub I weniger, denn ich finde eh nie Schwammerln, also braucht man die vor mir gar nicht schützen." klärte ich schnell auf.

Wie gesagt, wir fanden keine Schwammerln, aber Ameisenhügel.

Mir war das aber wurscht, da ich wie gesagt eh nie Schwammerln fand. Ich finde Blaubeeren. Das ist das, was ich finde, und höchstens giftige Pilze. Nur Parasol-Pilze finde ich. Die sind auch kaum zu übersehen, da die recht groß sind.

Die Ameisenhügel hatte aber ich gefunden. Da Ameisen ja eßbar sind, wie wir gehört hatten, war das ja auch ein Essen. Reicht also!

Abb.15: *Ameisenhügel*

Abb.16: *Ameisenhügel mit Baum*

Der Dreikäsehoch wollte den zerstören, holte schon mit dem Fuß aus, da hielt ihn die Oma zurück.

„Das tut man nicht!"

„Ameisen, also diese großen Waldameisen sind geschützt! Und denen darf man das Häuschen nicht zerstören! Denn sonst kommt der Förster, wenn er Dich da sieht und du kriegst eine Strafe." erklärte ich etwas dramatisierend.

„Nein, tut er nicht!" meinte die Oma.

„Doch! Es gibt Strafen auf das Zerstören von Waldameisenbauten." korrigierte ich die Oma.

„Ameisen sind nämlich nützlich. Schau, wie die da alles rumschleppen und den Wald säubern. Sie werden auch als Gesundheitspolizei und als Landschaftsgärtner tituliert."

Der Dreikäsehoch horchte genau zu.

„Das sind alles Weibchen, die maßlos stark sind."

„Nein!"

„Doch! Wenn da Männchen dazwischen funken würden, würden die Weibchen den Wald säubern, und die Männchen dann gleich wieder Mist im Wald machen. Mit Männchen kannst ja nix Gescheites machen! Ohne Männchen bleibt der Wald sauber."

„Buben sind besser als Mädchen!" erwähnte Herr N. schon wieder den Blödsinn, der ihm im Kindergarten anscheinend mittels Gehirnwäsche eingetrichtert wurde. Ärgerlich, da der Mist so überhaupt nicht stimmte!

„Na, aber wirklich nicht! Und die Ameisen wissen das, und haben sich erst gar keine Männchen angeschafft." schwindelte ich etwas.

Na, ich konnte Herrn Ns. Lüge nicht so stehen lassen.

„Männchen werden nur ganz kurz für den Hochzeitsflug erzeugt. Danach kratzen die ab."

„Neeeiiin!"

„Dooch! Und dann bricht wieder eine schöne männchenlose Zeit herein. Ach, ist das schön!" sang ich fast und grinste.

„So, und in dieser schönen männchenlosen Zeit, sind die Weibchen maßlos stark und tragen ein Vielfaches ihres Körpergewichtes, nämlich das 100-fache. Wären die Männchen da auch noch da, müßten sie sicher die Männchen a no schleppen." schmückte ich auf Wienerisch aus. *(a = auch)*

„So schleppen sie die Männchen schon, aber die Abgekratzten. Onkel zeig, wie man abkratzt!"

40

Der Onkel zeigte es sofort.

„Trag mich!" sagte er zu mir.

Ich zeigte ihm den Vogel und pfiff dabei.

„Frag die Oma, oder den Dreikäsehoch!"

„Trägst Du mich?" fragte der Onkel den lachenden und verneinenden Dreikäsehoch.

„Ach, Du bist ja ein Männchen, das auch getragen wird! … Oma, trägst Du mich?"

„Wieso?" war die Oma verblüfft, die wohl kurz nicht ganz konzentriert zugehört gehabt hatte.

„Der Onkel ist abgekratzt und muß jetzt getragen werden!" erklärte ich schnell. Der Onkel stand ja abgekratzt da und wartete.

„Nein, den mußt Du tragen!" reichte die Oma mir diese Aufgabe wieder zurück.

„Ich laß den liegen! Der Onkel schaut schon so verschimmelt aus! Den schleppen wir nicht mit!"

So mußte der abkratzende Onkel, der enttäuscht schaute, seinen Körper doch selbst tragen.

„Ja also, und so schleppen die Weibchen die Männchen in den Bau und züchten Pilze mit den verschimmelten Männchen." begann ich wieder.

Stimmte zwar nicht ganz, aber ich wollte das mit dem Kannibalismus nicht unbedingt so erklären.

„Da wäre ich doch eh gut?" fragte der Onkel, der auf meinen Spruch: „Der Onkel schaut schon so verschimmelt aus", anspielte.

Ich ignorierte ihn.

Der Dreikäsehoch wollte schon das Schnaberl zu einem Widerspruch aufmachen, da rettete mich eine Ameise.

Baumstamm-Weitwurf mit Nadeln:

„Schau! Die Ameise schleppt einen Baumstamm! Wie die in Schottland, die Baumstamm-Weitwerfen machen!"

Anmerkung:
Baumstammwerfen ist eine traditionelle schottische Sportart. Englisch wird das tossing the caber, oder kurz caber toss genannt.

Abb.17: *Ameise schleppt rundes Zeug rum. (spontanes Handy-Photo, daher auch die etwas mangelhafte Qualität. Aber Pfeile zeigen eh, auf was der Leser achten soll.)*

Abb.18: Ameise schleppt rundes Zeug rum. Schaut aus, wie wenn sie Trompete spielen würde. (spontanes Handy-Photo, daher auch die etwas mangelhafte Qualität. Aber Pfeile zeigen eh, auf was der Leser achten soll.)

Wie man durch unscharfe Bilder den Nobelpreis bekommen kann:

Die Oma war schon genervt, daß ich da so lange photographierte.
„Was photographierst Du denn da? Die sieht man doch dann eh nicht!"
„Ich brauche die Bilder für mein Buch!"
Auch der Onkel meinte:
„Die Qualität stimmt doch da nicht!"
„Macht nix. Ich hab nur jetzt die Möglichkeit, das mit dem Handy aufzunehmen. Da schreibe ich einfach drunter: „Wer bessere Photos möchte, kann sich ja selber vor einen Ameisenhügel setzen." Und so hat das ebook dann auch gleich einen gesundheitlichen Aspekt, denn der Leser mußte latschen *(= gehen)*, um zum Ameisenhügel im Wald zu gelangen. Oh Mann! Für dieses ebook sollte ich schon wieder einen Nobelpreis bekommen! Lehrt, gibt Wissen weiter, unterhält, und animiert zum Sport!"

„Ja, ja! Frau Nobelpreisträgerin! Kommen Sie, wir wollen schon nach Hause!" jammerte die Oma.

„Die Nobelpreisträgerin muß noch die Ameise aufnehmen! Aber Ihr könnt der Ameise ruhig sagen, daß sie gefälligst nicht so rennen soll, damit die Bilder besser werden! Dann wäre ich ja auch schneller fertig!"

„Ja, das werden wir tun!" kam es von der Oma, die das jedoch nur halbherzig gesagt hatte.

Der Schutz der Privatsphäre von Ameisen ist wichtiger, als Ameisen-Schwarzarbeit zu melden:

„Auf den Photos wird man nicht viel sehen." meinte der Onkel.

„Ich weiß schon, daß die Qualität nicht besonders ist, zumal diese doofen Ameisen da so rennen und sich eigentlich nicht aufnehmen lassen. Und immer so aussehen!"

Ich zeigte die Abbildung 3 (**Abb. 3.**) in Slowmo (slowmotion).

Alle lachten. Obwohl ich nur die Ameise nachgemacht hatte!!

„Naja, und da kommen eben keine guten Bilder raus, wenn man sich so bewegt. Aber ich werde einfach zu bedenken geben, daß es das neue Urhebergesetz gibt, und das DSGVO-A-Zeugs und da muß eben die Privatsphäre der Ameise auch geschützt werden. Deshalb die unscharfen Bilder, damit Ameisenforscher nicht etwa erkennen können, daß die Zenzi da schwarz arbeitet!"

„Ja, ja.." war die Oma ungeduldig.

„Privatsphäre? Du schützt das Liebesleben der Ameisen?" fragte der Onkel total männlich…. doof!

„Oh Mann! Es geht nicht ums Knutschen! Sondern um die Privatsphäre der Ameisen! Da ist ja keiner da, zum Knutschen! Sind ja nur Weibchen!"

„Die können vielleicht auch…?"

„Jessas! Schmeißt's den Onkel aussi! Diese unqualifizierten Aussagen!"

Da fiel mir die Aussage von Manfred Fak ein.

>>Aber, was will ich denn erwarten? … Manfred Fak hat das mal richtig über Ameisen gesagt: „Äußerst kriegerische, geschlechtslose Weiberln,

44

außer der Königin. … Und natürlich die kurzlebigen Manderln, deren Saison für dieses Jahr – nämlich jetzt im Herbst - aber längst vorbei ist. (Er hat vergessen, das mit dem Abkratzen zu erwähnen.) Weiter sagte er: Das Interessante an ihnen sind ja Eusozialität und Schwarmintellekt. Mit wie wenig Neuronen so ein kleines Tierchen komplexe Aufgaben in der Gemeinschaft meistert. … meine Antwort darauf war kurz und bündig: „Geht eh nur mit Weibchen!" Und deshalb kann man nix von männlichen Lebewesen erwarten.<< witzelte ich.

Anmerkung:
Eusozialität ist eine Bezeichnung für eine besondere Form des Sozialverhaltens von sozialen Insekten wie Termiten, Ameisen, Bienen und anderen sozialen Tierarten.

Der Onkel schaute betreten.
„So, ich erwarte jetzt eh nix von Männern. Bei der Privatsphäre geht es darum, daß alle ein Recht auf das eigene Bild haben. Da Ameisenforscher ur herzig sind, und Punkterln auf die Ameisen malen, um sie auseinander zu erkennen, aber schwören, daß, wenn der Punkt runter gewaschen ist, sie noch immer die einzelnen Ameisen am Charakter erkennen könnten, denn die Zenzi macht immer nur Bledsinn, und die Anni-Tante hat einen Putzfimmel, muß man auch da ein Recht am eigenen Bild berücksichtigen. Nicht, daß Ameisenforscher die Zenzi beim Schwarzarbeiten auf einem anderen Ameisenbau erkennen und dann bei der Steuer melden!"
„Ja, das werden sie tun! Komm mach fertig und gehen wir!" nahm die Oma dieses heikle Thema nicht ernst genug.
„Mir scheint, die Oma nimmt dieses heikle Thema nicht ernst genug und wird sicher mal im Knast landen, weil sie die Privatsphäre einer Ameise verletzt hat!"
„Ja, ja,.."
„Ich bin eh gleich fertig!"
„Wie viele Stunden sind gleich?" fragte der Onkel, der mich etwas kannte.
„100000Mrd!"
„Ah, eh!"

Abb.19: *Ameise schleppt rundes Zeug rum und Kumpelameise wundert sich. (spontanes Handy-Photo, daher auch die etwas mangelhafte Qualität. Aber Pfeile zeigen eh, auf was der Leser achten soll.)*

Abb.20: *Ameise schleppt Baumstamm, ähm.. Nadel wie ein schottischer Baumstamm-Weit-Werfer herum. (spontanes Handy-Photo, daher auch die etwas mangelhafte Qualität. Aber Pfeile zeigen eh, auf was der Leser achten soll.)*

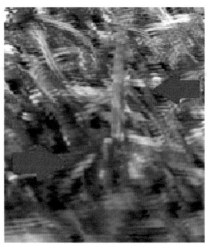

Abb.21: *Ameise , die Nadel-Baumstamm-Weit-Werferin. (spontanes Handy-Photo, daher auch die etwas mangelhafte Qualität. Aber Pfeile zeigen eh, auf was der Leser achten soll.)*

„Die schleppt die Nadel dahin, die andere schleppt sie wieder dorthin,..."
„Die rennen alle im Schatten!" meldete der Onkel.
Tatsächlich hielten sich die Ameisen alle im Schattenbereich des Baues auf.
„Stimmt. Haben wohl keine Sonnencreme!"
Herr N. glaubte mir das nicht.
„Oma, gib eine Sonnencreme her, wir müssen die armen Ameisen eincremen!"
„Na, aber sonst noch was?!" protestierte die Oma.
„Die Oma ist ja nur faul! Obwohl die eh nicht die mega-große Königin, die nur im sonnenlosen Bau ist, eincremen muß! Eh nur die kleinen Arbeiterinnen, da ist man ja schnell fertig!" witzelte ich.
Sachlich erklärte ich dann noch zum Dreikäsehoch gewandt:
„Naja, die Ameisen säubern den Wald. Und deshalb sind Ameisen geschützt. Zwar nicht vor der Sonne, weil die Oma keine Sonnencreme rausrückt und nicht gewillt ist, die Ameisen einzucremen, aber vor Dreikäsehoch-Füßchen. Ameisen sind eben geschützt, weil sie es erstens geschafft haben, die nervigen Männchen aus dem Häuschen zu hauen.."
„Nein!"
Ich lachte.
„Na gut, deshalb nicht, obwohl das eine starke Leistung ist, aber Ameisen sind geschützt, weil sie eben die Gesundheitspolizei sind und Landschaftsgärtner und deshalb darf man keinen Ameisenhügel zerstören und bekommt eine Strafe, wenn man es tut."
Wir betrachteten noch etwas die Ameisen und ihr geschäftiges Leben, dann latschten *(= gingen)* wir wieder den Berg hinab, zum Auto.

Schlußwort der Autorin:

Ich hoffe, daß dieses kleine Büchlein Sie, werter Leser, erheitert hat.
Wenn Ihnen dieses kleine Büchlein gefallen hat, würde ich mich über eine
kurze Rezension bei Amazon freuen.
Gerne können sie sich auch mit Lob, Kritik oder Anregungen auf meiner
Facebook-Seite an mich wenden:
https://www.facebook.com/dahlia.mertens.5

Literatur und Quellen:

- (*1)Wenn der Vater mit dem Sohne... von <u>Albert Lorenz</u>

- (*2)<u>Wenn der Vater mit dem Sohne</u>; A 1971; mit Fritz Eckhardt und Peter Weck

- (*3) Hermann Leopoldi: Schön Ist So Ein Ringelspiel Lyrics

- Gespräch mit Sabine Norris

Weitere ebooks:

Einzelbücher:

- Kirschen braucht man nicht waschen!: Und andere Geschichten mit Omas und Opas (Großeltern-Enkerl-Geschichten 1)

Wenn diese Oma mich nicht hätte! ...: Würde sie jetzt noch an der Baustelle picken! (Großeltern-Enkerl-Geschichten 2)

Wie war das noch mit den BIENCHEN und den BLÜMCHEN? ... ODER: Darf man einen Zweijährigen aufklären? ... Und andere Geschichten mit Omas und Opas ((Großeltern-Enkerl-Geschichten) 3)

Männer sind zum Putzen da!: Gut, wenn man das früh genug erkennt! Und andere Geschichten mit Omas und Opas (Großeltern-Enkerl-Geschichten 5)

Sammelbände:

- Sammelband I Kirschen braucht man nicht waschen! & Wenn diese Oma mich nicht hätte! …: Und andere Geschichten mit Omas und Opas Teil 1+2 (Großeltern-Enkerl-Geschichten Sammelband I

auch in Printform

- Sammelband II Männer sind zum Putzen da! & Wie war das noch mit den BIENCHEN und den BLÜMCHEN? ?: Und andere Geschichten mit Omas und Opas Teil 3+4 (Großeltern-Enkerl-Geschichten Sammelband II)

auch in Printform

- Jessas! Opas, Omas, die Merkel und Spione: ODER: Wieso ich nächstes Weihnachten ein Plüschvieh bekomme... Und andere Geschichten mit Omas und Opas (Großeltern-Enkerl-Geschichten 4)

Ich will kein Gemüse!!! ODER Die Oma und die ausgesperrte Zeitung, an der der Opa hing:: Und andere Geschichten mit Omas und Opas (Großeltern-Enkerl-Geschichten 6) [Kindle Edition

- Weihnachten ohne Kekse? Jessas Maria und Josephia! Oder: Konsum war gestern Und andere Geschichten mit Omas und Opas (Großeltern-Enkerl-Geschichten 7)

- Abhören leicht gemacht – die arme NSA müßte sich nicht so plagen: Warum die Oma, der Opa und der Herr N. das Abhören der armen Murmeltiere stören…: Und ... Opas (Großeltern-Enkerl-Geschichten (4a));
auch in Printform
- Wenn die Oma und der Herr N. NUR Kastanien suchen gehen,… sollte man das niemals nie nicht glauben! Das endet am Spielplatz! Mit einer Onkel-Rettung: Und ... und Opas (Großeltern-Enkerl-Geschichten 9)
auch in Printform

- Witzige Geschichten rund ums Schlafengehen - Wenn die Oma beim Herrn N. übernachten muß und… Monsterrettungen & Wenn Kinder nicht schlafen gehen wollen: ... und Opas (Großeltern-Enkerl-Geschichten 16)
auch in Printform

Printed in Great Britain
by Amazon